Weihnachten im Barockstil
für Sopranblockflöte

Herausgegeben von
Mechthild Winter und Manfredo Zimmermann

DOWANI International

Inhalt

Vorwort

Mit dieser Ausgabe stellen wir Ihnen eine Auswahl an Weihnachtsliedern für Sopranblockflöte und Basso continuo vor, die sicherlich zu den schönsten und bekanntesten gehören. Schon unsere Eltern und Großeltern dürften sie unter dem Weihnachtsbaum gesungen haben. In Zeiten der Elektronisierung und allgegenwärtiger Popmusik möchten diese Arrangements von Mechthild Winter und Manfredo Zimmermann stilistisch ganz bewusst einen Gegenakzent setzen und damit eine schöne Tradition fortsetzen. Deshalb wurden als Begleitinstrumente auch Orgel, Virginal und Viola da Gamba gewählt. Da viele Menschen die Texte der Weihnachtslieder nicht oder nicht mehr kennen, haben wir diese in unserer Ausgabe abgedruckt. Bei einigen Liedern finden Sie eine zweite Stimme für Cello oder Viola da Gamba. Diese kann beliebig gespielt oder auch weggelassen werden. Die Tonarten wurden so gewählt, dass die Weihnachtslieder bestmöglich auf der Sopranblockflöte zu spielen sind und somit einen frühen Einstieg ins weihnachtliche Musizieren ermöglichen. Die vorliegende Ausgabe wurde von der Cembalistin Mechthild Winter, die an der Hochschule für Musik und Theater in Leipzig unterrichtet, und Manfredo Zimmermann, Professor für Blockflöte an der Musikhochschule Köln/Wuppertal und Spezialist für Alte Musik, herausgegeben.

Auf der CD können Sie zuerst die Konzertversion eines jeden Stückes anhören (Blockflöte und Basso continuo). Nach dem Stimmen Ihres Instrumentes (Track 1) kann die musikalische Arbeit beginnen. Ihr erster Übe-Kontakt mit den Stücken sollte in einem langsameren Tempo stattfinden. In diesem Übe-Tempo wurde auf das Vorspiel verzichtet und jeweils nur eine Strophe eingespielt. Der Einstieg erfolgt mit Hilfe von Metronomklicks. Wenn Ihre Stereoanlage über einen Balance-Regler verfügt, können Sie durch Drehen des Reglers entweder die Blockflöte oder die Orgel- bzw. Virginalbegleitung stufenlos in den Vordergrund blenden. Die Blockflöte bleibt jedoch immer – wenn auch sehr leise – hörbar. In der Mittelposition erklingen beide Instrumente gleich laut. Falls Sie keinen Balance-Regler haben, hören Sie das Soloinstrument auf dem einen Lautsprecher, die Begleitung auf dem anderen. Nachdem Sie die Stücke im Übe-Tempo einstudiert haben, können Sie sich im Originaltempo (alle Strophen) begleiten lassen. Die Basso-continuo-Begleitung erklingt hierbei auf beiden Kanälen (ohne Blockflöte) in Stereo-Qualität. Wir haben bei allen Weihnachtsliedern auf eine Einspielung in einem mittleren Tempo verzichtet, da sie im Original schon relativ langsam sind. Alle eingespielten Versionen wurden live aufgenommen. Die Namen der Künstler finden Sie auf der letzten Seite dieser Ausgabe; ausführlichere Informationen können Sie im Internet unter www.dowani.com nachlesen.

Viel Spaß beim Musizieren wünscht Ihnen das DOWANI Team!

I

Schneeflöckchen, Weißröckchen

Volkstümlich
Satz: nach E. Holzweißig

1. Schneeflöckchen, Weißröckchen,
da kommst du geschneit;
du kommst aus den Wolken,
dein Weg ist so weit.

2. Komm, setz dich ans Fenster,
du lieblicher Stern;
malst Blumen und Blätter,
wir haben dich gern.

3. Schneeflöckchen, du deckst uns
die Blümelein zu;
dann schlafen sie sicher
in himmlischer Ruh'.

DOW 1504

II
Kommet, ihr Hirten

Melodie: aus Böhmen
Text: C. Riedel (1827 – 1888)
Satz: nach J. Weyrauch

Blockflöte

Klavier

Dal Segno 𝄋 al Fine

1. Kommet, ihr Hirten, ihr Männer und Fraun,
kommet, das liebliche Kindlein zu schaun,
Christus, der Herr, ist heute geboren,
den Gott zum Heiland euch hat erkoren.
Fürchtet euch nicht!

2. Lasset uns sehen in Bethlehems Stall,
was uns verheißen der himmlische Schall.
Was wir dort finden, lasset uns künden,
lasset uns preisen mit frommen Weisen:
Halleluja!

3. Wahrlich, die Engel verkündigen heut'
Bethlehems Hirtenvolk gar große Freud'.
Nun soll es werden Friede auf Erden,
den Menschen allen ein Wohlgefallen:
Ehre sei Gott!

III

Es ist ein Ros' entsprungen

aus dem 15. Jahrhundert
Satz: nach M. Praetorius

Blockflöte

Klavier

Dal Segno 𝄋

1. Es ist ein Ros' entsprungen
aus einer Wurzel zart,
wie uns die Alten sungen,
von Jesse kam die Art;
und hat ein Blümlein bracht
mitten im kalten Winter,
wohl zu der halben Nacht.

2. Das Röslein, das ich meine,
davon Jesaja sagt,
hat uns gebracht alleine
Marie, die reine Magd;
aus Gottes ew'gem Rat
hat sie ein Kind geboren
wohl zu der halben Nacht.

3. Das Blümelein so kleine,
das duftet uns so süß,
mit seinem hellen Scheine
vertreibt's die Finsternis:
Wahr' Mensch und wahrer Gott,
hilft uns aus allem Leide,
rettet von Sünd' und Tod.

IV

O du fröhliche

Melodie: sizilianisches Schifferlied
Text: J. D. Falk (1768 – 1826)
Satz: nach H. Riedel

1. O du fröhliche, o du selige,
gnadenbringende Weihnachtszeit!
Welt ging verloren, Christ ward geboren:
Freue, freue dich, o Christenheit!

2. O du fröhliche, o du selige,
gnadenbringende Weihnachtszeit!
Christ ist erschienen, uns zu versühnen:
Freue, freue dich, o Christenheit!

3. O du fröhliche, o du selige,
gnadenbringende Weihnachtszeit!
Himmlische Heere jauchzen dir Ehre:
Freue, freue dich, o Christenheit!

V
Morgen kommt der Weihnachtsmann

Melodie: aus Frankreich
Text: A. H. Hoffmann von Fallersleben (1798 – 1874)
Satz: aus *Allegretto con XVIII Variationi*
von J. Ch. F. Bach (1732 – 1795)

Sopranblockflöte

Weihnachten im Barockstil

I. Schneeflöckchen, Weißröckchen

Volkstümlich
Satz: nach E. Holzweißig

II. Kommet, ihr Hirten

Melodie: aus Böhmen
Text: C. Riedel (1827 – 1888)
Satz: nach J. Weyrauch

Dal Segno 𝄋 al Fine

DOW 1504

2

III. Es ist ein Ros' entsprungen ⑧

aus dem 15. Jahrhundert
Satz: nach M. Praetorius

Dal Segno 𝄋

IV. O du fröhliche ⑪

Melodie: sizilianisches Schifferlied
Text: J. D. Falk (1768 – 1826)
Satz: nach H. Riedel

V. Morgen kommt der Weihnachtsmann ⑭

Melodie: aus Frankreich
Text: A. H. Hoffmann von Fallersleben (1798 – 1874)
Satz: aus *Allegretto con XVIII Variationi*
von J. Ch. F. Bach (1732 – 1795)

VI. Leise rieselt der Schnee ⑰

E. Ebel (1839 – 1905)
Satz: nach S. Köhler

VII. Ihr Kinderlein kommet ⑳

Melodie: J. A. P. Schulz (1747 – 1800)
Text: Ch. von Schmid (1768 – 1854)
Satz: nach D. Hellmann

VIII. Vom Himmel hoch, da komm ich her ㉓

M. Luther (1483 – 1546)
Satz: nach S. Scheidt (Görlitzer Tabulaturbuch 1650)
Vorspiel: F. W. Zachow (1663 – 1712)

IX. Kling, Glöckchen, klingelingeling ㉖

Volksweise
Text: K. Enslin (1814 – 1875)
Satz: nach S. Köhler

X. Alle Jahre wieder ㉙

Melodie: F. Silcher (1789 – 1860)
Text: W. Hey (1789 – 1854)
Satz: nach J. Weyrauch

XI. Stille Nacht ㉜

Melodie: F. Gruber (1787 – 1863)
Text: J. Mohr (1792 – 1848)
Satz: nach E. Mandyczewski

Fine

Dal Segno 𝄋 al Fine

Weihnachten im Barockstil

I. Schneeflöckchen, Weißröckchen

Volkstümlich
Satz: nach E. Holzweißig

II. Kommet, ihr Hirten

Melodie: aus Böhmen
Text: C. Riedel (1827 – 1888)
Satz: nach J. Weyrauch

Fine

Dal Segno 𝄋 al Fine

III. Es ist ein Ros' entsprungen

aus dem 15. Jahrhundert
Satz: nach M. Praetorius

Dal Segno 𝄋

DOW 1504

IV. O du fröhliche

Melodie: sizilianisches Schifferlied
Text: J. D. Falk (1768 – 1826)
Satz: nach H. Riedel

V. Morgen kommt der Weihnachtsmann

Melodie: aus Frankreich
Text: A. H. Hoffmann von Fallersleben (1798 – 1874)
Satz: aus *Allegretto con XVIII Variationi*
von J. Ch. F. Bach (1732 – 1795)

VI. Leise rieselt der Schnee

E. Ebel (1839 – 1905)
Satz: nach S. Köhler

VII. Ihr Kinderlein kommet

Melodie: J. A. P. Schulz (1747 – 1800)
Text: Ch. von Schmid (1768 – 1854)
Satz: nach D. Hellmann

VIII. Vom Himmel hoch, da komm ich her

M. Luther (1483 – 1546)
Satz: nach S. Scheidt (Görlitzer Tabulaturbuch 1650)
Vorspiel: F. W. Zachow (1663 – 1712)

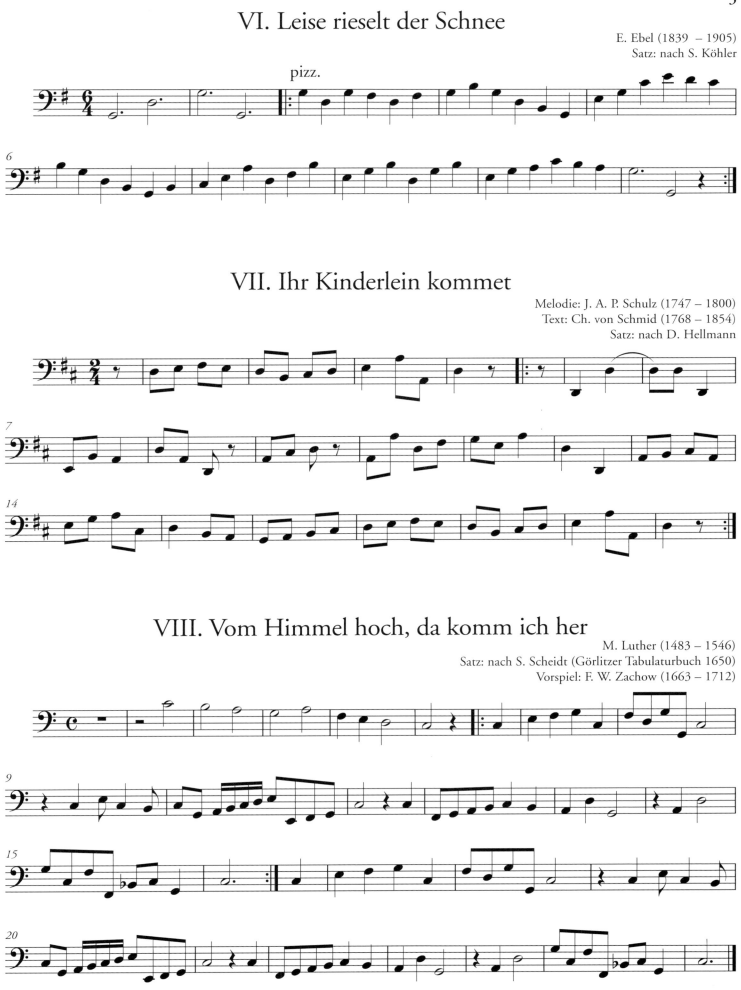

IX. Kling, Glöckchen, klingelingeling

Volksweise
Text: K. Enslin (1814 – 1875)
Satz: nach S. Köhler

X. Alle Jahre wieder

Melodie: F. Silcher (1789 – 1860)
Text: W. Hey (1789 – 1854)
Satz: nach J. Weyrauch

XI. Stille Nacht

Melodie: F. Gruber (1787 – 1863)
Text: J. Mohr (1792 – 1848)
Satz: nach E. Mandyczewski

Fine

Dal Segno 𝄋 al Fine

1. Morgen kommt der Weihnachtsmann,
kommt mit seinen Gaben.
Bunte Lichter, Baumeszier,
Zottelbär und Panthertier,
Ross und Esel, Schaf und Stier,
möcht' ich gerne haben.

2. Doch du weißt ja unsern Wunsch,
kennst ja unsre Herzen.
Kinder, Vater und Mama,
auch sogar der Großpapa,
alle, alle sind wir da,
warten dein mit Schmerzen.

VI

Leise rieselt der Schnee

E. Ebel (1839 – 1905)
Satz: nach S. Köhler

1. Leise rieselt der Schnee,
still und starr ruht der See,
weihnachtlich glänzet der Wald:
Freue dich, Christkind kommt bald!

2. In den Herzen ist's warm,
still schweigt Kummer und Harm,
Sorge des Lebens verhallt:
Freue dich, Christkind kommt bald!

3. Bald ist heilige Nacht,
Chor der Engel erwacht,
hört nur, wie lieblich es schallt:
Freue dich, Christkind kommt bald!

VII
Ihr Kinderlein kommet

Melodie: J. A. P. Schulz (1747 – 1800)
Text: Ch. von Schmid (1768 – 1854)
Satz: nach D. Hellmann

1. Ihr Kinderlein kommet, o kommet doch all'!
Zur Krippe her kommet in Bethlehems Stall.
Und seht, was in dieser hochheiligen Nacht
der Vater im Himmel für Freude uns macht.

2. O seht in der Krippe im nächtlichen Stall,
seht hier bei des Lichtleins hellglänzendem Strahl
in reinlichen Windeln das himmlische Kind,
viel schöner und holder, als Engelein sind.

3. Da liegt es, das Kindlein, auf Heu und auf Stroh,
Maria und Joseph betrachten es froh.
Die redlichen Hirten knien betend davor,
hoch oben schwebt jubelnd der Engelein Chor.

4. O beugt wie die Hirten anbetend die Knie,
erhebet die Händlein und danket wie sie.
Stimmt freudig, ihr Kinder – wer sollt' sich nicht freun? –
Stimmt freudig zum Jubel der Engel mit ein!

VIII

Vom Himmel hoch, da komm ich her

M. Luther (1483 – 1546)
Satz: nach S. Scheidt (Görlitzer Tabulaturbuch 1650)
Vorspiel: F. W. Zachow (1663 – 1712)

1. Vom Himmel hoch, da komm ich her,
ich bring euch gute, neue Mär,
der guten Mär bring ich so viel,
davon ich sing'n und sagen will.

2. Euch ist ein Kindlein heut gebor'n,
von einer Jungfrau auserkor'n,
ein Kindelein so zart und fein,
das soll eu'r Freud' und Wonne sein.

3. Es ist der Herr Christ, unser Gott,
der will euch führ'n aus aller Not,
er will eu'r Heiland selber sein,
von allen Sünden machen rein.

IX
Kling, Glöckchen, klingelingeling

Volksweise
Text: K. Enslin (1814 – 1875)
Satz: nach S. Köhler

1. Kling, Glöckchen, klingelingeling,
kling, Glöckchen, kling!
Lasst mich ein, ihr Kinder,
ist so kalt der Winter,
öffnet mir die Türen,
lasst mich nicht erfrieren!
Kling, Glöckchen, klingelingeling,
kling, Glöckchen, kling!

2. Kling, Glöckchen, klingelingeling,
kling, Glöckchen, kling!
Mädchen hört und Bübchen,
macht mir auf das Stübchen,
bring euch viele Gaben,
sollt euch dran erlaben!
Kling, Glöckchen, klingelingeling,
kling, Glöckchen, kling!

3. Kling, Glöckchen, klingelingeling,
kling, Glöckchen, kling!
Hell erglühn die Kerzen,
öffnet mir die Herzen,
will drin wohnen fröhlich,
frommes Kind, wie selig.
Kling, Glöckchen, klingelingeling,
kling, Glöckchen, kling!

X

Alle Jahre wieder

Melodie: F. Silcher (1789 – 1860)
Text: W. Hey (1789 – 1854)
Satz: nach J. Weyrauch

Blockflöte

Klavier

1. Alle Jahre wieder
kommt das Christuskind
auf die Erde nieder,
wo wir Menschen sind.

2. Kehrt mit seinem Segen
ein in jedes Haus,
geht auf allen Wegen
mit uns ein und aus.

3. Steht auch mir zur Seite
still und unerkannt,
dass es treu mich leite
an der lieben Hand.

XI
Stille Nacht

Melodie: F. Gruber (1787 – 1863)
Text: J. Mohr (1792 – 1848)
Satz: nach E. Mandyczewski

Blockflöte

Klavier

Dal Segno 𝄋 al Fine

1. Stille Nacht! Heilige Nacht!
Alles schläft, einsam wacht
nur das traute hochheilige Paar.
Holder Knabe im lockigen Haar,
schlaf in himmlischer Ruh',
schlaf in himmlischer Ruh!

2. Stille Nacht! Heilige Nacht!
Gottes Sohn, o wie lacht
Lieb' aus deinem göttlichen Mund,
da uns schlägt die rettende Stund',
Christ, in deiner Geburt,
Christ, in deiner Geburt.

3. Stille Nacht! Heilige Nacht!
Hirten erst kundgemacht.
Durch der Engel Halleluja
tönt es laut von fern und nah:
Christ, der Retter ist da,
Christ, der Retter ist da!

DOWANI CD:

- Track Nr. 1

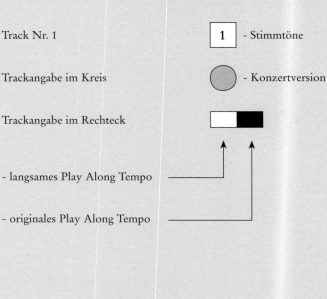

| $\boxed{1}$ | - Stimmtöne |

- Trackangabe im Kreis
 ⬤ - Konzertversion

- Trackangabe im Rechteck
 ▭ ▬

- langsames Play Along Tempo
- originales Play Along Tempo

- **Konzertversion:** Blockflöte und Basso continuo

- **Langsames Tempo:** Blockflöte kann mittels Balance-Regler ein- und ausgeblendet werden. 1. Kanal: Blockflöte solo; 2. Kanal: Orgel- bzw. Virginalbegleitung mit Blockflöte im Hintergrund; Mitte: beide Kanäle in gleicher Lautstärke

- **Originaltempo:** nur Basso continuo

Herausgeber:
DOWANI International
A division of De Haske (International) AG
Postfach 60, CH-6332 Hagendorn
Telefon: +41-(0)41-785 82 50
Telefax: +41-(0)41-785 82 58
E-Mail: info@dowani.com
www.dowani.com

Aufnahme und CD-Mastering: Wachtmann Musikproduktion, Deutschland
CD-Produktion: MediaMotion, Niederlande
Notensatz: Notensatz Thomas Metzinger, Deutschland
Design: De Haske Publications, Niederlande
Druck: De Haske Publications, Niederlande
Abbildung auf der Umschlagseite: Detail aus „Anbetung der Hirten",
Originalformat 485 x 350 cm, Öl auf Leinwand, entstanden 1630-1642,
Guido Reni (1575-1642)

Konzertversion
Manfredo Zimmermann, Sopranblockflöte
Mechthild Winter, Orgel/Virginal
Irene Klein, Viola da Gamba

Langsames Tempo:
Mechthild Winter, Orgel/Virginal

Originaltempo:
Mechthild Winter, Orgel/Virginal
Irene Klein, Viola da Gamba